消防安全要知道丛书

消防是什么？

侯延勇 著

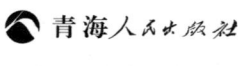

·西宁·

图书在版编目（CIP）数据

消防是什么？/ 侯延勇著 . -- 西宁：青海人民出版社，2024.8
（消防安全要知道丛书）
ISBN 978-7-225-06689-9

Ⅰ.①消… Ⅱ.①侯… Ⅲ.①消防-安全管理-中国 Ⅳ.① D631.6

中国国家版本馆 CIP 数据核字 (2024) 第 024576 号

消防安全要知道丛书

消防是什么？

侯延勇　著

出 版 人	樊原成
出版发行	青海人民出版社有限责任公司
	西宁市五四西路 71 号　邮政编码：810023　电话：（0971）6143426（总编室）
发行热线	（0971）6143516/6137730
网　　址	http://www.qhrmcbs.com
印　　刷	西安五星印刷有限公司
经　　销	新华书店
开　　本	890mm×1240mm　1/32
印　　张	4.125
字　　数	62 千
版　　次	2024 年 8 月第 1 版　2024 年 8 月第 1 次印刷
书　　号	ISBN 978-7-225-06689-9
定　　价	25.00 元

版权所有　侵权必究

目　录

第一章　了解消防　　　　　　　　　　　　　　　001
一、火的使用　　　　　　　　　　　　　　　　　001
二、消防的原始含义　　　　　　　　　　　　　　003
三、消防活动的目的　　　　　　　　　　　　　　004
四、消防活动的主要内容　　　　　　　　　　　　005
五、消防处置原则　　　　　　　　　　　　　　　008

第二章　消防溯源　　　　　　　　　　　　　　　009
一、消防的起源　　　　　　　　　　　　　　　　009
二、史料记载　　　　　　　　　　　　　　　　　014
三、以防为主思想的形成　　　　　　　　　　　　018
四、消防责任意识的觉醒　　　　　　　　　　　　024
五、消防组织的形成　　　　　　　　　　　　　　026
六、消防治理纳入法令管理　　　　　　　　　　　028

第三章　中国消防简介　　　　　　　　　　　　　033
一、机构设置　　　　　　　　　　　　　　　　　033
二、消防队伍人员组成　　　　　　　　　　　　　035

三、中国消防徽章　　036
　　四、中国消防的领导、管理和行政监督　　038
　　五、消防工作的行政管理　　039
　　六、消防法制体系　　040
　　七、关于火灾　　041
　　八、中国消防形势　　053
　　九、消防工作与经济活动和人口数量关系密切　　059

第四章　消防工作的目标、方针和原则　　064
　　一、我国消防工作总目标　　064
　　二、我国消防工作方针　　065
　　三、工作原则　　066

第五章　消防工作的特性、内容和基本任务　　067
　　一、消防工作的特性　　067
　　二、消防工作的内容　　071
　　三、消防工作的任务　　087

第六章　火灾事故调查和统计　　098
　　一、火灾事故调查的主要内容　　098
　　二、火灾统计中的事故等级划分标准　　100

第七章　消防队（站）的规划和布局　　101
　　一、普通消防站和特勤消防站　　101
　　二、消防力量配置的整体情况　　104
　　三、微型消防站　　105

第八章　常见消防装备都有什么？　　**109**
　　一、消防装备分为三个部分　　109
　　二、消防装备建设情况　　110

第九章　消防系统　　**111**
　　一、火灾自动报警系统　　112
　　二、自动灭火系统　　115
　　三、消防栓系统　　119
　　四、防烟排烟系统　　120

第十章　智慧消防（发展方向）　　**121**
　　一、概念　　121
　　二、智慧消防系统的特点　　123
　　三、建立智慧消防系统的基础　　124

第一章　了解消防

一、火的使用

火的使用开启了人类文明的进程。火和由火引发的灾难在自然界中早就存在,而对火的使用也一直陪伴着人类进化和发展的脚步。

学会用火,人类开始进食熟食,促进了体质的发展和脑的进化,提高了抵御疾病和适应自然环境的能力,同时,也有了照明、御寒、驱赶野兽的手段。火,开启了人类文明的历程。

同样,火的失控燃烧——火灾,也与用火相伴而生。

二、消防的原始含义

消防是指消除火患,防止火灾发生。

消防是预防和解决人们在工作、生活和社会活动过程中遇到的人为的、自然的、偶发的火灾灾害的总称。

消防在人们初期的认识就是:扑灭火灾。

三、消防活动的目的

由于我国自古以来的主要建筑均是土木结构,因此,相比砖石结构建筑,土木结构的建筑更容易着火。

消防活动的根本目的是:最大限度地降低火灾造成的破坏程度,减少人员伤亡和财产损失。

消防活动由各级消防管理部门统一协调指挥,以专业消防力量为骨干,动员企业事业单位、乡镇的专职消防队伍、志愿者队伍和人民群众实施。

四、消防活动的主要内容

消防活动的主要内容包括事前的隐患消除与事发的救助与善后。主要包含以下四个方面：

1. 控制、消除发生火灾、爆炸的一切不安全条件和因素。
2. 限制、消除火灾、爆炸蔓延、扩大的条件和因素。
3. 保证有足够的安全出口和通道，以便人员逃生和物资疏散。
4. 彻底查清火灾、爆炸的原因，做到"三不放过"。即原因不明不放过，事故责任人以及群众未受到教育不放过，防范措施不落实不放过。

案例一：安全工作不能走形式

2023年11月16日早晨6点多，某省一煤业公司一栋大楼的二楼洗浴区域发生特大火灾事故，刚刚结束夜班、正在洗漱的工人和在三楼的管理人员全部被困。消防应急救援紧急投入了18辆消防车、30余辆救护车和90余名医护人员参加救援，截止到下午，大火全部扑灭。

此次火灾共造成26人遇难、38人受伤。

经调查，大火是从二楼浴室中存放的供工人洗漱后更换干净衣服的吊篮中引发的，吊篮中很多工人的衣服里都有香烟和打火机，最终导致火势迅速蔓延。

值得深思的是：

1. 该煤业公司办公楼门前的标语是"学一分应急知识，多一分安全保障"。

2. 在火灾发生的前几天，该单位还根据上级的指示，举办了安全教育活动，并且很多员工和领导都观看了安全警示教育宣传片，以此来警示所有人要注重安全。

3. 5月份，该单位还接受了当地相关领导的安全监督大检查，排查了一切安全隐患。

案例二：无照黑网吧发生纵火案，造成25死12伤

2002年6月16日凌晨2时43分，某市位于一临街简易楼房二层的无照黑网吧发生大火，现场烧死或窒息死亡20人，另有5名伤者送医院后死亡，共造成25人死亡、12人受伤，烧毁建筑95平方米，烧毁台式电脑71台。

起火原因是两名分别为13岁和14岁的未成年人，因与该网吧发生纠纷，在加油站购买了1.8升汽油装在一只

雪碧瓶子里，在网吧门口用纸沾上汽油引燃了门口的红地毯，人为纵火。

这种不正规的网吧往往消防设施不规范或根本没有消防设施，也没有逃生通道，使用易燃材料装修，通宵营业，夜间锁上大门，无人值班管理。

起火时，网吧人员密集，环境相对封闭，网吧窗户被窗帘遮蔽，网吧大门已经被回家睡觉的老板反锁，窗户上也安装有防盗铁护栏。电脑、家具等燃烧产生大量的有毒烟气并迅速弥漫，上网人员逃生无路，死伤惨重。

五、消防处置原则

消防救援处置坚持先人后物、先控后灭和确保重点的行动原则。

第二章　消防溯源

一、消防的起源

"消防"一词，最早于西晋传入日本，于近代传回中国。在江户时代开始出现这个词。亨保九年（清雍正二年，1724年），武州新仓郡的《王人帐前书》，有"发生火灾时，村中的'消防'就赶到"的记载。到明治初期（清同治十二年，1873年）"消防"一词开始普及。

"消防"的"根"在中国。日本的文字是从中国的汉字演变而来,汉字早在西晋太康五年(284年)就开始传入日本。日文的"消防"一词不仅字形与汉字完全相同,字义也无差别。"消防"一词的出现,充分反映了当时中日两国文化交流的密切。

火灾与消防是一个古老的命题。在各类自然灾害中,火灾是一种不受时间、空间限制,发生频率很高的灾害。

家中常见的几种物品就像悬着的炸弹,稍有不慎就可能引发火灾

盘点我国历史上十起典型重大火灾案例

案例一：火烧阿房宫

《史记·秦始皇本纪》载："项籍为从长，杀子婴及秦诸公子宗族。遂屠咸阳，烧其宫室，虏其子女，收其珍宝货财，诸侯共分之。"《史记·项羽本纪》载："烧秦宫室，火三月不灭。"

案例二：董卓火烧洛阳

公元190年，董卓被十八路诸侯击败后，火烧洛阳，迁都长安。

案例三：紫禁城三大殿被焚毁

永乐十九年阴历四月初八，朱棣迁都后兴建的紫禁城遭遇雷火，奉天、华盖、谨身三大殿被焚毁。

案例四：最大的武器库火灾

公元295年，洛阳武器库发生火灾，装备20万军队的器械全部烧尽。

案例五：最大的寺庙火灾

公元534年2月，洛阳永宁寺大火，火烧3月不灭，寺庙房屋尽毁。

案例六：最大的城市火灾

公元1201年，杭州大火，延烧58 097家城内外垣10余里，死者不可计。

案例七：最大的火药库火灾

公元1626年5月，北京干茶厂火药库起火爆炸，炸塌房屋1.09万间，死亡3000余人。

案例八：最大的纵火案

1860年10月6日，英法联军侵入圆明园，18日至21日纵火烧毁100多处建筑，面积达16万平方米。

案例九：近代以来死亡人数最多的火灾

1945年广州剧院发生的火灾，死亡人数1670人。

案例十：最大的森林火灾

1987年5月6日，我国大兴安岭森林发生火灾，过火面积101公顷，烧毁木材85.3万立方米，房屋61.4万平方米，5万余人无家可归。

二、史料记载

火灾伴随着人类用火的历史不断发生，也逐渐被认识。

为了生存，我们的祖先在很早就开始了防范和治理火灾的消防工作。防范和治理火灾的消防工作在古时被称为"火政"。

《甲骨文合集》刊载的第583版、584版两条甲骨卜辞，记录了公元前1339~1281年商代武丁时期，奴隶夜间放火焚烧了奴隶主的三座粮食仓库。这是有文字以来最早的火灾记录。事实上，在文字出现之前，先民们早已饱受火灾的焚掠。

考古发现，史前的西安半坡遗址，一座半地穴式的方形小屋，因火灾损毁后遗留的炭化痕迹清晰可见，是比较原始的早期建筑火灾现场遗址。

考古证明，史前甘肃秦安大地湾大型公共建筑遗址，在房屋木柱的周围，发现了用泥土构筑的"防火保护层"。在残存的"防火保护层"中，涂抹于木柱上的一层坚固的胶结材料，应该是最早的防火涂料了，我们的祖先，在很早以前就在探索建筑防火的技术。这些居住遗址，就是早期建筑防范火灾的见证。

古代的思想家、政治家、法家和史家，一向十分看重火灾的防范和处理。春秋早期在齐国任宰相的政治家管仲，把消防作为关系国家贫富的五件大事之一，提出了"修火宪"的主张。

春秋时期儒家的创始人、著名的思想家孔子所著的《春秋》及其后门人所撰的《左传》，记载了火灾23次，数量之多，居所记各类灾害的前列，开了国史记载火灾的先河。尤其是对宋国、郑国和鲁国防范和治理火灾所采取的消防措施予以详细记述，充分体现了儒家先贤对防范和治理火灾的重视。

火也常被用作战争的有力武器。

《孙子兵法》专门著有《火攻篇》：

"行火必有因，烟火必索具"，意思是说，实施火攻必须具备条件，火攻器材必须平时即有准备。

"凡火攻，必因五火之变而应之"的意思是：凡是使用火攻，必须根据五种火攻所引起的不同变化，灵活机动地部署兵力进行配合策应。

"五火之变"是指火人、火积、火辎、火库、火队五种火攻形式所引起的敌情变化。

孙子认为，火攻必须具备一定的条件，这些条件包括：易燃的物质、干燥的天气、有利的风向、做内应的奸细。

史上著名的赤壁之战是这个战术的最完美运用。

公元 208 年，曹操率大军攻打吴国，吴蜀联合抗曹。因魏军不善水战，孔明、周瑜决定火攻。庞统假意投奔曹操，建议魏军船只用铁索连在一起抵御风浪。周瑜假打黄盖，后者假装降魏，组成完整战术链条。

孔明推测出东风将至。黄盖带数十条船降魏，船里装满柴草。快到魏军时，黄盖点燃柴草，火借风势向魏军烧去。魏军不熟水性船又连在了一起，死伤无数，魏军逃跑。此战之后，孙权、刘备各自夺去荆州的一部分，奠定了三

看似弱小的身躯只要放到合适的位置，也能点燃整片森林

国鼎立的基础。

史上运用火攻术以少胜多的战例不胜枚举。

三、以防为主思想的形成

任何隐患都可能偷走我们的财富

战国时的思想家、墨家的创始人墨子，在《墨子》一书中，在防范和治理火灾方面，也提出了许多独到的主张。其在《备城门》《杂守》《迎敌词》等篇章中提出许多防火技术和措施。对重要设施的设置、建造既提出了明确的要求，又给出了具体的数字规定，这是我国早期消防技术规范的萌芽。

战国时期的法家李悝，著成《法经》，把防范和治理火灾的内容列入"法"的条文。《法经》虽然全文已佚，仅存六篇目录，但这一点却能够从以《法经》为蓝本的一些后世成文法典中得到证明。

我们祖先在与火灾做长期斗争的实践中，积累了丰富的经验，其科学概括最早见于《周易》。如："水在火上，既济。君子以思患而预防之。"东汉史学家荀悦在《申鉴·杂言》中进一步明确提出"防为上，救次之，诫为下"的"防患于未然"思想。

公元前 2070 年，即夏王朝成立迄今四千多年以来，历代王朝都把防范和治理火灾的消防工作列为国家管理公众事务的一项重要内容，并建立了相应的管理体制。在封建社会，作为国家统治者的皇帝，直接过问消防治理，并发布相关的诏书。在发生重大火灾事故时采取"素服、避殿、撤乐、减膳"等举措，甚至下"罪己诏"以自责，进行"反省""修德"，并广开言路，倾听臣下的批评和建议。

盘点史上地铁列车火灾案例

1958 年，英国伦敦地铁一段区间隧道，因电气设备故障引起火灾，造成 1 人死亡，51 人受伤。

1968 年，日本东京地铁日比谷线六本木站至神谷町站区间隧道，因运行中的列车设备故障起火，造成 11 人受伤，

3节车厢被烧毁。

1969年,中国北京地铁1号线因电气设备故障起火,造成6人死亡,200多人中毒受伤,烧毁电力机车2节。

1971年,加拿大蒙特利尔地铁因火车与隧道相撞引起电气短路起火,造成1人死亡,24节车厢被烧毁,总损失500万美元。

1973年,法国巴黎地铁7号线车厢内发生人为纵火,造成2人窒息死亡,车厢被烧毁。

1975年,美国波士顿地铁隧道内因电源短路起火,造成34人受伤。

1976年,加拿大多伦多地铁发生人为纵火,造成4节车厢被烧毁。

1976年,葡萄牙里斯本地铁因技术故障起火,造成4节车厢被烧毁。

1978年,德国科隆地铁因未熄灭的烟蒂丢在后部转向架上引发火灾,整部列车、电力轨道被烧毁,8人受伤。

1979年,美国费城地铁因电源短路引起火灾,造成148人受伤,1节车厢被烧毁。

1979年,美国纽约地铁因有人丢弃未熄灭的烟蒂引燃油箱，造成4人受伤，2节车厢被烧毁。

1979年，美国旧金山地铁因侧向电流集电器损坏引起火灾，造成1人死亡，56人受伤，5辆车厢被烧毁，12辆车厢损坏。

1980年，德国汉堡地铁车厢有人在座位上纵火，造成4人受伤，2节车厢被烧毁。

1981年，俄罗斯莫斯科地铁因电源短路起火，造成7人死亡，15节车厢被烧毁。

1981年，德国波恩地铁因技术故障引起火灾，造成电车被烧毁。

1981年，美国纽约地铁（奥科特波斯卡耶车站）因电子故障引起列车起火，造成7人死亡，2节车厢被烧毁。

1982年，美国纽约地铁因控制齿轮故障引起火灾，造成86人受伤，1节车厢被烧毁。

1983年，德国慕尼黑地铁电气故障引起火灾，造成7人受伤，2辆双动力机车被烧毁。

1984年，德国汉堡地铁因有人在车厢座位上纵火，造成1人受伤，2节车厢被烧毁，1节车厢损坏。

1985年，美国纽约地铁发生人为纵火，造成15人受伤，

16节车厢被烧毁。

1985年,日本东京地铁半藏门线涉谷车站列车,因下部轴承破损发热引起火灾,造成部分车厢被烧毁。

1986年,德国柏林地铁因电气故障引起火灾,造成电车被烧毁。

1987年,英国伦敦地铁国王十字车站,因乘客丢弃未熄灭的烟蒂,引燃木制电动扶梯下面的机房,大火迅速蔓延,造成32人死亡,100多人受伤。

1991年,瑞士苏黎世地铁列车因电线短路,尾部机车和最后两节车厢在连接处起火,造成多节车厢烧被毁。

1995年,阿塞拜疆巴库地铁,因发动机老化短路起火,列车停在隧道内无法动弹,造成558人死亡,269人受伤。

2003年,韩国大邱市地铁1号线中央路车站,因人为纵火引起火灾,造成192人死亡,147人受伤,站内的两辆机车被烧毁。

2005年,中国北京地铁崇文门车站区间隧道,因行驶中列车的车厢排风扇突然冒烟起火,车站封闭50分钟,隧道顶部被烟熏黑,无人员伤亡。

2005年,法国巴黎地铁13号线辛普朗车站一地铁列车起火,随即波及相对驶来的另一列地铁列车,造成12人受伤,4号线部分关闭。

2006年,美国芝加哥地铁列车在隧道中发生脱轨事故,车厢起火,造成数百人被疏散,152人受伤。

2012年,乌克兰基辅地铁奥萨科尔加站,因吊灯起火引燃天花板,火势蔓延迅速,整个地铁站变为一片火海。

2013年,莫斯科地铁1号线区间隧道"猎人商场"站与"列宁图书馆"站之间的供电电缆突然起火,导致部分地铁线路瘫痪,约4500名乘客被紧急疏散,15人受伤。

四、消防责任意识的觉醒

西汉武帝建元六年（前135年）夏四月，汉高祖的陵寝发生火灾，汉武帝当即脱下"龙袍"，着白色素服五天，并虔诚地作自我谴责的"罪己诏"，反映了他对火灾的敬畏之心。以后历代王朝的皇帝，都继承了这一做法。明永乐十八年（1420年），皇宫三大殿发生火灾后，明成祖在"罪己诏"中以极其沉痛的心情对治国安民的十二个方面进行深刻反省。

清乾隆皇帝弘历有关火灾的"上谕"，仅《中国火灾大典》收录的就达54次，为历代皇帝之最。在嘉庆二年（1797年）十月二十一日，乾清宫不慎失火，此时弘历已87岁高龄，身居太上皇位，但他仍承担了主要责任，在"罪己诏"中说"皆朕之过，非皇帝之过"。

"御灾防患"，是各级地方行政长官职责所在，他们为保一方平安，都曾大力推行"火政"。像汉代成都太守廉范、唐代岭南节度使杜预、永州司马柳宗元，宋代的户县知县陈希亮，明代徽州知府何歆等，因大力推行"火政"，造福人民，"民感之"，史家为他们立传，人民为他们建祠立碑，有的古迹至今犹存。清朝的封疆大臣林则徐，每到一地，发生火灾，必到场参加扑救，更为人们称颂。

五、消防组织的形成

在宋朝，管理公众事务的消防治理，最突出的成就就是诞生了世界上第一支由国家建立的城市消防队。这种城市消防队，无论组织形式还是其本质，与今天的城市消防队都很相似。这支国家消防队创建于北宋开封，完善于南宋临安，到淳祐十二年（1252年）临安已有消防队20隅，7队，总计5100人，有望火楼10座。

在古代，作为社会治安的一个方面，消防机构同治安机构始终在一起，也就是防御消除"水火盗贼"不分家。从汉代中央管理机构的"二千石曹尚书"和京城的"执金吾"

开始,均"主水火盗贼",或"司非常水火""擒讨奸猾"。由此可以反映出古人对消防工作的重视。

治安消防组织,分布各个城市和坊里,西汉长安"每街一亭",设有 16 个街亭。东汉洛阳城内二十四街,共有 24 个街亭。唐代京师长安,没有亭,却建有"武候铺"。这种"武候铺",大城门 100 人,大坊 30 人,小城门 20 人,小坊 5 人。受左右金吾下属左右翊府领导,在全城形成一个治安消防网络系统。北宋开封"每坊三百步有军巡铺一所,铺兵五人",显然是唐代"武候铺"制度的继承和发展。元代的正史中未见有"军巡铺"的记载,但在《马可·波罗游记》中却有与"军巡铺"大体相同的"遮荫哨所"。而明朝内外皇城则设有"红铺"112 处,每铺官军 10 人。这些设置虽然名称各异,但都是城市基层的治安消防机构。

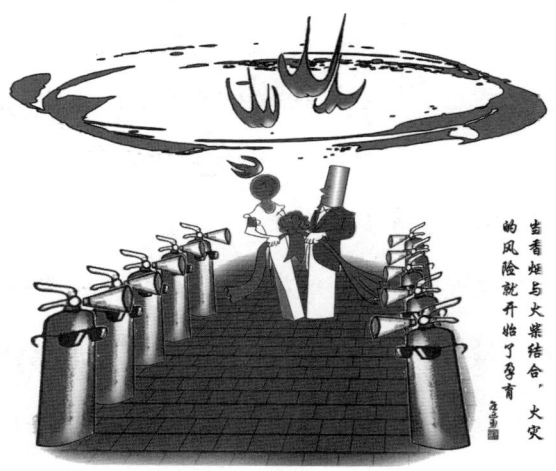

当香烛与火柴结合,火灾的风险就开始了孕育

六、消防治理纳入法令管理

从元、明、清到民国时期，随着经济、社会的发展，火灾的数量和规模也随之增加，而消防治理、消防技术也都与时俱进，不断发展。数千年的人类历史证明，消防是世界文明进步的产物，社会愈发展，防范和治理火灾的消防工作愈显重要。

我国古代的防火法令，早在春秋战国时期就已经出现了。当时，越王为了检验老百姓肯不肯为自己卖命，有一次曾下令将宫室点着，自己坐在一旁等待老百姓前来救火，但是等了半天，无一人前往。在这种情况下，越王只得下了一道命令："救火而死的，可以与杀敌而死得到同样的奖赏。"于是，老百姓才有的用防火物质涂抹身体，有的披着用水浸湿的衣服奔走而来，总算把火扑灭了。这说明，当时的统治者已开始意识到在火政管理中运用法的威力。其实，春秋战国时期的防火法令还仅仅处在雏形阶段，应当说，到了秦代才逐步完善。

古人对火灾可防可控的深刻认识，体现在早期的消防防火措施。公元前221年，秦灭六国，建立起我国历史上第一个统一的专制主义中央集权制国家。在法家思想的指导下,秦朝的封建制度、法律日臻完善。在这些法律制度中,有关防火内容的法令也得到了发展和加强。

关于这方面的法令条文,仅在《秦律十八种》中,就有以下的记载:

1.仓储防火。秦自从接受了商鞅等法家重本抑末的思想,就十分重视农业生产,农业的发展给经济带来了繁荣,为统治阶级创造了大量财富。为了保护好这些财富,统治阶级就不得不严加注意仓储防火。秦王朝明文规定,贮藏谷物的仓库要加高墙垣,在贮存刍草的仓库和用茅草覆盖的粮仓附近不得住人。夜间要严加巡查防范,闲杂人员不得进入仓储区,仓储区关门时必须灭掉火烛。

2.库府防火。库府在古代是专门收藏器械、财物和文书的地方,是非常重要的场所。因此,秦法规定,严格禁止把火种带进库府,吏员将物品收好后,由官吏派啬夫和吏员轮番昼夜看守,夜间关门之前还要仔细检查一遍,看看有无可疑的火种。

为了保证这些防火法令的实行,秦法还规定了惩罚制度。《秦律十八种》和秦简《法律问答》中明确规定:看守仓库的吏员如果违反法令或玩忽职守而导致火灾，吏员本身和主管官吏都必须承担罪责。

为了区别失火后的责任，秦简《法律问答》中还以"是不是火灾的肇事者"为依据规定了赔偿的标准。如在官府的旅舍居住的人，如果因旅舍发生火灾而烧毁了他所携带的官家物品，官府则不要求赔偿，如焚及所借用的车马，官府还可作适当的补偿。至于百姓家失火，如果蔓延烧毁里门的，肇事者罚盾牌一个；如烧毁城门，罚甲一领。

总的来讲，秦朝的防火法令，对于巩固秦王朝的统一、发展生产和繁荣经济以及加强中央集权统治，起到了重要作用。

用三个案例说明火灾的破坏力

案例一：西晋武库大火

据史书记载，公元295年八王之乱的前一天夜里，西晋洛阳城的武库着起大火。其实，这场火本来是能够被扑灭的，但是这时候大家都在想着夺权，根本无人救火。最后导致里面能够武装200万士兵的器械全都被烧了。

隐患整改就像对抗瘟疫，必须干净彻底，不能有一丁点的遗留

案例二：永宁寺大火

中国古代的建筑大多都是以木头作为原料修建的。

南北朝时期，永宁寺修建了一座高136米（相当于现在的45层高层建筑）的木塔。公元534年，一场雷电引燃了这座木塔，大火连续烧了三个月，不仅这座神奇的木塔被烧毁，连带着周围的老百姓也都遭了殃。

案例三：临安大火

1201年，临安（现在的杭州）御史台杨浩家发生火灾，由于没有控制住，导致小火蔓延成一场大火，最终在临安城烧了三天，有59人死于这场火灾，还有十多万人无家可归。

第三章 中国消防简介

一、机构设置

中国消防部队为行政编制,成建制隶属于中华人民共和国应急管理部,承担灭火救援和其他应急救援工作,充分发挥了应急救援主力军和国家队的作用。各省最高消防机关为厅消防局(厅/处),也称××省消防总队、××省消防局。市级消防机关为××市消防救援分局,也称××市消防救援支队。支队下设消防大队,消防大队下设各中队,以街道名称命名,比如某某广场中队、某某高新区中队等。

二、消防队伍人员组成

我国消防队伍,是以国家消防队伍为主体,地方政府专职消防队伍和企事业专职消防队伍为补充,其他多种形式消防力量并存的消防保卫力量体系。

2018年3月,中央印发《深化党和国家机构改革方案》,公安消防部队不再列武警部队序列,全部退出现役。公安消防部队转到地方后,现役编制全部转为行政编制,成建制划归中华人民共和国应急管理部,承担灭火救援和其他应急救援工作,充分发挥应急救援主力军和国家队的作用。消防部队改革转隶以后,主要由原来的现役体制向更加专业化、职业化发展,这是与国际接轨,也是消防事业发展的总趋势。

三、中国消防徽章

应急管理部消防救援局徽标。根据中共中央《深化党和国家机构改革方案》，公安消防部队、武警森林部队退出现役，成建制划归应急管理部，组建国家综合性消防救援队伍。自2018年10月10日零时起，至国家综合性消防救援队伍制式服装配发前，原公安消防部队、武警森林部队和警种学院人员停止使用武警部队制式服装和标识服饰，统一穿着无武警标识的作训服，并在作训服左兜盖上方佩戴消防救援队伍身份标识牌。

应急管理部同时发布了国家综合性消防救援队伍人员标识牌式样及佩戴规则。标识牌由应急管理部统一制作，配发对象为在编在职干部、队员和消防专业院校学员。凡不在配发范围内的人员，一律不得佩戴消防救援队伍人员标识牌。消防救援队伍管理指挥干部、专业技术干部、高等专科学校学员佩戴干部标识牌，消防救援队伍队员、消防员学校学员佩戴队员标识牌。

四、中国消防的领导、管理和行政监督

国务院领导全国的消防工作。地方各级人民政府负责本行政区域内的消防工作。各级人民政府应当将消防工作纳入国民经济和社会发展计划,保障消防工作与经济社会发展相适应。

国务院应急管理部门对全国的消防工作实施监督管理。县级以上地方人民政府应急管理部门对本行政区域内的消防工作实施监督管理,并由本级人民政府消防救援机构负责实施。军事设施的消防工作,由其主管单位监督管理,消防救援机构协助;矿井地下部分、核电厂、海上石油天然气设施的消防工作,由其主管单位监督管理。县级以上人民政府其他有关部门在各自的职责范围内,依照本法和其他相关法律、法规的规定做好消防工作。

法律、行政法规对森林、草原的消防工作另有规定的,从其规定。

五、消防工作的行政管理

根据消防管理体制实行"谁主管,谁负责"防火责任制度,各级防火责任人认真履行其防火职责。

六、消防法制体系

新中国成立以来,我国先后制定和颁发了各种消防法规,主要包括《中华人民共和国消防法》和各种规定、技术规范、技术标准等100多部。同时,各地公安机关通过地方政府和人大,制定和修订发布了一大批地方性法规,通过上下结合共同努力,初步形成了国家、地方、部门法律、法规相结合,行政法规与技术规范相配套的消防法制体系,基本实现了各行各业开展消防工作有法可依、有章可循。我国的消防监督管理工作纳入"依法治火"和"依法管火"的法治轨道。

七、关于火灾

火灾是指在时间或空间上失去控制的燃烧所造成的灾害。

在各种灾害中,火灾是最经常、最普遍的威胁公众安全和社会发展的主要灾害之一。火灾不仅会造成人员伤亡和财产损失,还会对社会和经济造成严重影响。

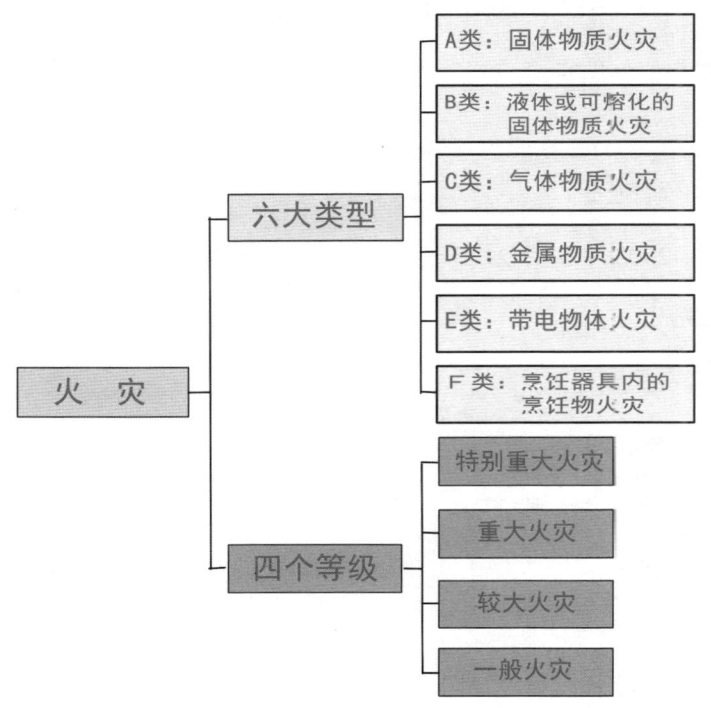

近年来发生在国内的部分火灾及损失情况

案例一：

2003年2月1日，某省一市场发生火灾，造成31人死亡。

案例二：

2003年2月20日，某省农业大学一处宿舍楼发生大火，造成5人死亡。

案例三：

2003年7月21日，某省一处市场发生火灾，造成39人死亡。

案例四：

2007年6月27日，某省一竹制品厂发生大火，造成24人死亡。

案例五：

2008年2月8日，某省寺庙发生火灾，造成25人死亡。

案例六：

2008年5月12日，某省地震引发的火灾造成多人死亡。

案例七：

2009年6月29日，某省一家酒店发生火灾，造成7人死亡。

案例八：

2009年6月30日，某省一处老旧小区发生火灾，造成5人死亡。

案例九：

2009年10月23日，某省一加油站发生爆炸和火灾，造成3人死亡。

案例十：

2010年3月28日，某省一数百年古建筑发生火灾，造成7人死亡。

案例十一：

2010年9月3日，某省某市发生居民楼火灾，造成15人死亡。

案例十二：

2012年8月10日，某省一度假村发生火灾，造成5人死亡。

案例十三：

2013年4月29日，某省商业城发生火灾，造成8人死亡。

案例十四：

2013年5月11日，某省一居民楼发生火灾，造成4人死亡。

案例十五：

2014年7月28日，某省一栋三层民居发生火灾，造成10人死亡。

案例十六：

2016年11月1日，某省小区一栋楼房发生火灾，造成22人死亡。

案例十七：

2017年6月5日，某省某市一大楼发生火灾，造成5人死亡。

近年来发生在国外的部分火灾及损失情况

案例一：

2001年9月11日，美国纽约世界贸易中心发生恐怖袭击和火灾，造成近3000人死亡。

案例二：

2002年2月20日，美国俄克拉何马州天主教医院发生火灾，造成6人死亡。

案例三：

2004年2月20日，泰国曼谷中央世界商场发生火灾，造成至少188人死亡。

案例四：

2004年12月5日，美国纽约市的一栋公寓大楼发生火灾，造成8人死亡。

案例五：

2006年1月19日，美国加州的一家医院发生火灾，造成10人死亡。

案例六：

2006年1月30日，泰国曼谷的一家数码广场发生火灾，造成37人死亡。

案例七：

2006年4月14日，美国亚利桑那州的一家透析中心发生火灾，造成5人死亡。

案例八：

2006年6月9日，美国纽约市布朗克斯区的一栋公寓楼发生火灾，造成9人死亡。

案例九：

2006年6月17日，泰国清迈市的一家电视台发生火灾，造成16人死亡。

案例十：

2006年12月7日，美国新泽西州的一家娱乐中心发生火灾，造成6人死亡。

案例十一：

2008年11月12日，苏格兰格拉斯哥市的一家医院发生火灾，造成10人死亡。

案例十二：

2009年1月16日，美国佐治亚州的一家塑料工厂发生爆炸和火灾，造成6人死亡。

案例十三：

2010年1月23日，新加坡唐人街一电脑店发生火灾，造成1人死亡。

案例十四：

2010年6月17日，新加坡一家酒店发生火灾，造成3人死亡。

案例十五：

2011年10月8日，印度德里一家大型医院发生火灾，造成至少90人死亡。

案例十六：

2011年11月22日，摩洛哥加丹纳切兹王宫餐厅发生火灾，造成15人死亡。

案例十七：

2012年2月12日，印度加尔各答市的一家市场发生大火，造成19人死亡。

案例十八：

2012年11月18日，孟加拉国达卡市的一家鞋厂发生火灾，造成112人死亡。

案例十九：

2013年2月5日，泰国普吉府发生火灾，造成4人死亡。

案例二十：

2013年3月28日，美国俄亥俄州的一家造纸厂发生火灾，造成1人死亡。

案例二十一：

2014年3月20日，韩国仁川机场T2货运区发生火灾，造成5人死亡。

案例二十二：

2015年6月14日，英国伦敦一高层公寓楼发生火灾，造成72人遇难。

案例二十三：

2015年10月31日，罗马尼亚布拉索夫的一家夜总会发生火灾，造成64人死亡。

案例二十四：

2015年11月23日，瑞典哥德堡市的一家俱乐部发生火灾，造成63人死亡。

案例二十五：

2015年11月28日，罗马尼亚布加勒斯特一家俱乐部发生火灾，造成64人死亡。

案例二十六：

2016年12月5日，美国田纳西州的一个仓库发生火灾，造成13人死亡。

案例二十七：

2017年1月9日，伊朗特拉法尔西省的一个购物中心发生火灾，造成至少30人死亡。

案例二十八：

2017年6月14日，英国伦敦一栋公寓发生火灾，造成至少79人死亡。

案例二十九：

2017年6月14日，英国伦敦一高层公寓楼发生火灾，造成至少79人死亡。

案例三十：

2018年3月25日，俄罗斯喀山市的一家购物中心发生火灾，造成64人死亡。

案例三十一：

2019年4月15日，法国巴黎圣母院发生大火，燃烧了9个小时，造成部分建筑物被破坏但无人员伤亡。

以上仅仅是随机选取了部分火灾及损失情况，却也能够展示出火灾触目惊心的严重性和毁灭性。

我们应该认真对待消防工作，在生活和工作中严格遵守消防法规，加强火灾防范知识的学习，认真做好消防安全工作，确保自身的安全和健康。

八、中国消防形势

新中国成立初期,我国处于工业化初始阶段,火灾直接损失相应也比较低。

20世纪50年代,火灾直接损失平均每年约0.6亿元。随着工业化和城市化的发展,火灾损失也相应增加。60年代平均每年火灾直接损失为1.4亿元。70年代年均火灾损失近2.4亿元。80年代平均每年为3.2亿元。到了20世纪90年代,经济社会快速发展,我国已处于工业化发展中期阶段,城市化水平已进入快速发展阶段,火灾损失也急速上升。20世纪90年代火灾直接损失平均每年为10.6亿元;

21世纪前5年间的年均火灾损失达15.5亿元,是20世纪80年代年均火灾损失的4.84倍。

2021年,全国消防救援队伍共接报处置各类警情创了历史新高,达到195.6万起,累计从灾害现场营救被困人员19.5万人,疏散遇险人员46.7万人。

其中,扑救火灾共74.5万起,占总数的38.1%;抢险救援46万起,占总数的23.5%;社会救助54.9万起,占总数的28.1%;公务执勤9.6万起,占总数的4.9%;其他出动10.6万起,占总数的5.4%。

应急管理部官方公布的2021年10起火灾爆炸事故典型案例

案例一:古寨"2·14"火灾事故

2021年2月14日17时43分许,中国历史文化名村、省级文物保护单位、国家4A级景区,某原始部落文化旅游区发生火灾,大火烧毁古寨房屋104间,造成直接财产损失813.48万元。

事故原因:8岁小孩在古寨玩火引起火灾。

案例二：蛋糕房"2·16"火灾事故

2021年2月16日早晨6时许，某省一蛋糕房发生火灾，过火面积148.9平方米，造成7人死亡。

事故原因：一层神龛内酥油斗烛引燃神龛及周围可燃物引起火灾。

案例三：某大厦"3·9"火灾事故

2021年3月9日11时许，某市一大厦发生火灾，过火面积15 455平方米，无人员伤亡，火灾直接经济损失为3326.96万元。

事故原因：大厦内人员扔烟蒂落至南侧裙房屋顶平台，引燃平台西南角的纸质包装物、树叶等杂物，进而引燃大厦外墙铝塑复合板和保温材料引起火灾。

案例四：某光储充一体化项目"4·16"火灾爆炸事故

2021年4月16日12时17分许，某油气技术有限公司光储充一体化项目发生火灾爆炸事故，1人遇难、2名消防员牺牲、1名消防员受伤，火灾直接财产损失1660.81万元。

事故原因：南楼电池间内的单体磷酸铁锂电池发生内短路故障，引发电池及电池模组热失控扩散起火。事故产生的易燃易爆组分通过电缆沟进入北楼储能室并扩散，与空气混合形成爆炸性气体，遇电气火花发生爆炸。

案例五：某石化有限公司"5·13"火灾事故

2021年5月31日14时28分许，某省一石化有限公司发生火灾事故，直接经济损失3872.1万元，未造成人员伤亡。

事故原因：该公司东厂区进行油气回收装置安装工作，未在油气回收管线安装阻火器和切断阀，违规动火作业引发管内及罐顶部可燃气体闪爆，引燃罐内稀释沥青发生火灾事故。

案例六：某社区集贸市场"6·13"重大燃气泄漏爆炸事故

2021年6月13日6时42分许，某省一社区集贸市场发生重大燃气泄漏爆炸事故，造成26人死亡、138人受伤，其中重伤37人，直接经济损失约5395.41万元。

事故原因：泄漏的天然气遇餐饮商户排油烟管道排出的火星发生爆炸。

案例七：某武馆"6·25"重大火灾事故

2021年6月25日凌晨2时许，某省一武馆发生重大火灾事故，造成18人死亡、11人受伤，直接经济损失2153.7万元。

事故原因：该武馆临街门面房一层北侧住房阁楼下层房间内使用蚊香不慎引燃纸箱、衣物等造成火灾。

案例八：婚纱城"7·24"重大火灾事故

2021年7月24日15时40分许，某省一婚纱城发生重大火灾事故，造成15人死亡、25人受伤，过火面积6200平方米，直接经济损失3700余万元。

事故原因：该婚纱梦想城二层"婚礼现场"摄影棚上部照明线路漏电，击穿其穿线的蛇皮金属管引燃周围可燃仿真植物装饰材料引发火灾事故。

案例九：液化石油气泄漏爆炸事故

2021年9月10日23时38分许，某社区一住户家中发生燃气爆炸泄漏事故，造成8人死亡、5人受伤。

事故原因：室内液化石油气管道在穿过楼板地面处腐蚀穿孔致液化石油气泄漏，泄漏的燃气在封闭的室内聚焦达到爆炸极限，遇明火产生爆炸。

案例十：地下停车场火灾事故

2021年12月31日11时许，某市一市场地下二层停车场发生火灾事故，造成8人死亡、5人轻伤、1名消防员牺牲。

事故原因：违规使用电焊动火作业引燃保温材料，造成火灾。

九、消防工作与经济活动和人口数量关系密切

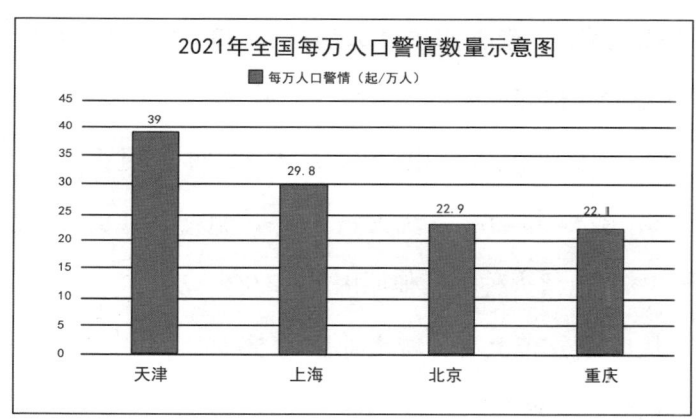

我国经济人口大省火灾警情最多,人员营救频率最高。2021年有6个省出警任务量达到10万起以上,分别为广东、江苏、山东、四川、浙江、河南,均为经济和人口大省。从人均警情看,4个直辖市每万人口警情数量是最多的,分别为天津39.0起/万人、上海29.8起/万人、北京22.9起/万人、重庆22.1起/万人,远超其他地区(全国均值为13.9起/万人)。

(一)近10年全国发生在居住场所的火灾132.4万起

应急管理部消防救援局发布近10年全国居住场所火

灾情况。

据统计，2012年至2021年，全国共发生居住场所火灾132.4万起，造成11 634人遇难、6738人受伤，直接财产损失77.7亿元。

从火灾原因看，电气火灾占42.7%，用火不慎占29.8%，吸烟占4.6%，玩火占1.9%，自燃占1.8%，放火占1.3%，遗留火种等其他原因占17.9%。

从区域分布上看，城市地区占50.5%，其中城市市区占33.1%、县城城区占17.4%；农村地区占47.9%，其中集镇镇区占14.8%、乡村占33.1%，其他区域占1.5%。

从火灾发生的时段看，夜间火灾发现晚、报警晚、人员逃生不及时，晚8时至次日6时发生在居住场所的火灾占居住场所火灾总数的28.6%，但亡人数占55.4%、伤人数占50.4%，夜间火灾的亡人率接近白天的2倍。

从季节分布看，冬春气温相对较低、风大干燥，且有春节、元宵节、清明节等传统节日，用火用电量较多，火灾概率较大。近10年冬春季节共发生居住场所火灾75.2万起，造成7410人遇难，分别占总数的56.9%和63.7%。

从2021年起，消防救援局启用新版统计系统，新增

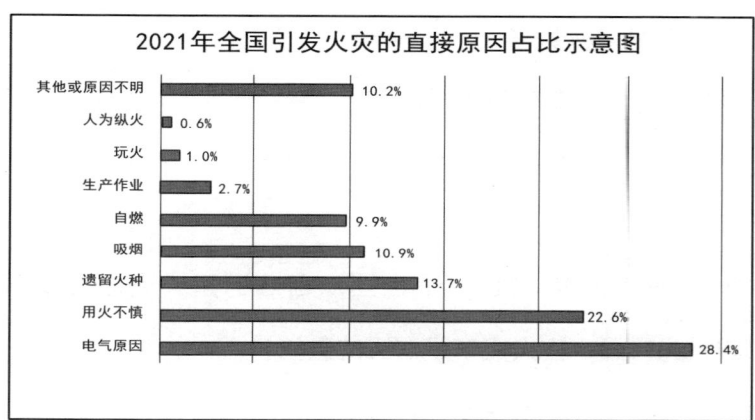

了自建住宅的分类，全年发生居住场所火灾25.9万起，造成1460人遇难、1172人受伤，直接财产损失13.9亿元。其中，自建住宅15.6万起、造成848人遇难，占居住场所总数的60.5%和58.1%。

2021全年共计出动消防救援人员2040.8万人次、消防车363.6万辆次，累计从灾害现场营救被困人员19.5万人，疏散遇险人员46.7万人，平均每天出警5300多起，日均出动消防救援人员5万多人次、消防车辆近1万辆次。

（二）节假日火灾事故多

2023年春节假期，因燃放烟花爆竹引发1.2万起火灾。某地一个除夕夜，一个消防站一夜8次出警灭火，年夜饭热了又热；

某地情人节夜晚火光冲天；

某地新年当天烟花爆竹引发火烧连营……

（三）警惕：夜间22时至次日6时是火灾亡人概率最大的时段，亡人概率是白天的五倍！

某地电动车夜晚充电起火；

某地农田夜晚起火；

某地村民焚烧秸秆，夜晚余火复燃发生火灾；

某地夜间手机充电引发火灾；

某地汽车夜间起火自燃；

某地超市夜晚着火……

2021年全国消防救援队伍接处警情次数占比示意图

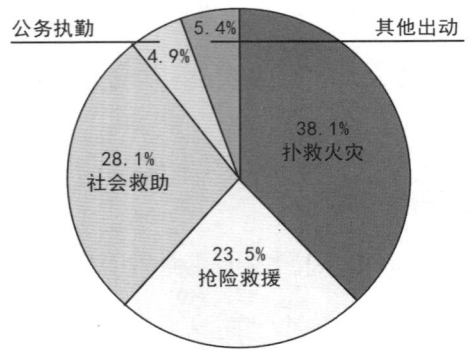

（四）火灾数量和火灾造成的损失仍然居高不下

从火警数量看，截至 2021 年底，全国消防救援队伍共接报火灾 74.8 万起，较 2020 年增加 49.6 万起；火灾造成直接财产损失 67.5 亿元，较 2020 年增加 27.41 亿元。

从火灾造成的伤亡情况看，截至 2021 年底，全国火灾造成死亡 1987 人，与 2020 年相比，增加 804 人；火灾造成受伤 2225 人，与 2020 年相比，增加 1450 人。

第四章　消防工作的目标、方针和原则

一、我国消防工作总目标

消防工作的目的，是为了预防火灾和减少火灾危害，加强应急救援工作，保护人身、财产安全，维护公共安全。

二、我国消防工作方针

我国消防工作坚持"预防为主、防消结合"的指导方针,坚持专门机构与群众相结合的工作原则。

消防是预防和扑灭火灾工作的总称。我国消防工作采取"预防为主,防消结合"方针是人们多年来与火灾做斗争的经验结晶,载入了全国人民代表大会常务委员会通过的《中华人民共和国消防法》之中。

消防工作必须全面、认真、准确地贯彻执行"预防为主,防消结合"的方针。正确处理好"防"与"消"两者之间的辩证关系。

不论在思想上还是在行动上,都要把火灾的预防工作放在首位

三、工作原则

消防工作贯彻预防为主、防消结合的方针，按照政府统一领导、部门依法监管、单位全面负责、公民积极参与的原则，实行消防安全责任制，建立健全社会化的消防工作网络。

第五章
消防工作的特性、内容和基本任务

一、消防工作的特性

社会性：消防工作是一项社会性很强的工作，早已经渗透到人类生产生活的一切领域之中。只有依靠全社会的力量，在全社会成员的关心、重视、支持、参与下才能搞好消防工作。

经常性：消防安全管理涉及各行各业，千家万户。在生产、工作和生活过程中，人们对消防安全管理稍有疏漏，一时失神、失控、失误，就有可能酿成火灾，所以消防必须常备不懈。

群众性：纵观多年来无数火灾事故的教训，尽管致灾原因复杂，但仍然可以看出，绝大多数火灾是源于"一人一事一时"之失误。因此，只有在人民群众的积极参与下，才能有效控制、消除火灾事故的发生，因此，消防工作的群众性不可或缺。

少年儿童无知玩火不容忽视。在消防安全宣传教育方面，广大家长们作为监护人，一定要承担起对子女的教育和约束责任，同时，一定要严格管理好家中的打火机、火柴、烟花爆竹等火灾危险物品。

案例一：3名小学生放学后，竟把隔壁幼儿园给烧了

2023年3月10日，某县一幼儿园突发火灾，消防员接警后到场将火灾扑灭。

通过幼儿园内的监控发现，这场火灾竟是3名小学生玩火导致的。

经调查，3 人均为隔壁小学的学生，由于幼儿园放学早，园区内并没有其他人员，3 名小学生放学后翻墙进入幼儿园玩耍。

最初，一名学生用打火机点燃了幼儿园的垃圾桶，另一名学生顺势将垃圾桶踢倒。随后，3 人又跑到旁边的玩具屋继续点火，导致屋内玩具全部被烧毁，路过群众发现火情后立即拨打了 119 报警电话。

事后，消防人员对 3 名小学生进行了教育并叮嘱家长要看管好孩子。

家长也对幼儿园进行了赔偿。

案例二：

2023 年 2 月 25 日，某地小孩用蜡烛把停车棚三轮车烧了。

案例三：

2023 年 1 月 21 日，某地小孩玩烟花烧毁了服装加工作坊。

案例四：

2023年1月11日，某地小孩玩烟花致店铺起火。

案例五：

2023年1月11日，某地小孩玩鞭炮烧毁一辆轿车。

根据《中华人民共和国刑法》第17条的规定，不满16周岁的人犯失火罪，不予刑事处罚的，应责令其家长或者监护人加以管教；在必要的时候，依法进行专门矫治教育。

对小孩玩火造成火灾事故，给他人造成损失的，其家长或者监护人应当依法承担赔偿责任。

二、消防工作的内容

按照《中华人民共和国消防法》规定，消防救援机构应当对机关、团体、企事业单位等遵守消防法律、法规的情况依法进行监督检查。

举办具有火灾危险的大型群众性活动前以及公众聚集场所使用或者开业前也应进行消防安全检查。建筑工程消防设计审核、验收等监督检查不得收取费用。工作人员在进行监督检查时，应当出示证件。对检查发现的火灾隐患，依法责令立即改正或限期改正。拒不改正的，依法予以处罚。

题目：看似认真的表象下隐藏着真正的火灾危险

（一）强化防火监督，对各类建筑工程进行监督管理

按照《中华人民共和国消防法》的规定，国务院住房和城乡建设主管部门规定的特殊建设工程，建设单位应当将消防设计文件报送住房和城乡建设主管部门审查。竣工时，建设单位应当向住房和城乡建设主管部门申请消防验收，验收合格，方可投入使用。

案例一：查处未经消防验收擅自投入使用案

2021年12月23日，某市住房和城乡建设局得到线索，一广场在进行了装修改造后，将于12月24日正式开业，但在开业前尚未办理消防验收手续。针对该企业未经消防验收擅自投入使用的违法行为，市住房和城乡建设局依据《中华人民共和国消防法》第五十八条第一款第（二）项之规定，依法作出责令项目停止使用，处以罚款25万元的行政处罚。

2021年10月29日，某县住房和城乡建设局执法人员在对某公司进行执法检查时，发现350万吨/年重交沥青装置配套原料油罐区项目未经消防验收擅自投入使用。经核查，该项目存储易燃易爆危险物品，属于特殊建设工程，

违反了《中华人民共和国消防法》第十三条第(三)项之规定。针对该企业的违法行为,县综合行政执法局依法对该公司处以责令项目停止使用,并处罚款5万元的行政处罚。

案例二:查处某消防电气检测有限公司涉嫌"出具虚假文件"

2021年11月23日,某区消防救援大队、住房和城乡建设局在对该区某城市综合体进行联合检查时,发现该综合体相关消防设备设施存在严重问题。经过调阅相关消防设施检测结论性文件对比核实,初步认定承担该城市综合体消防技术服务工作的省某消防电气检测有限公司涉嫌"出具虚假文件"。

执法人员对该城市综合体存在的电气火灾监控设备无回路信息和注册信息、消防电源监控主机未编程、室内消火栓未配置水枪水带、所有柜式七氟丙烷气体灭火系统未拆除保险销、湿式报警阀组压力开关信号线与喷淋消防泵电源控制柜未连接等隐患问题进行了现场取证,全程使用执法记录仪进行记录和证据固定,填写了《消防监督检查记录》,下发了《责令限期改正通知书》。

案例三：查处建筑内应急照明灯具不合格

某县消防救援大队在对某公司进行检查时，发现该单位使用的消防应急照明灯具主电源切断后5秒内未转入应急状态，不符合《消防产品现场检查判定规则》，其产品现场质量检查不合格，根据《消防产品现场检查判定规则》判定该产品不合格，责令该单位限期改正。到期复查时，发现该单位使用不合格消防应急照明灯具的问题未改正完毕，复查不合格。根据《消防产品监督管理规定》对该公司作出行政处罚。

案例四：查处消火栓配置的消防水带不合格

某县消防救援大队对某公司进行检查时，发现该场所使用的4盘有衬里消防水带，有2盘消防水带长度小于水带标称长度1m以上，不符合《消防产品现场检查判定规则》，其产品现场质量检查不合格。根据《消防产品现场检查判定规则》，判定2盘消防水带为不合格消防产品，责令限期整改。到期复查时发现，1盘不合格消防水带已整改，仍有1盘不合格消防水带未整改，复查不合格。根据《中华人民共和国消防法》对该公司作出行政处罚。

案例五：查处住宅楼消防应急照明灯具不合格

某县消防救援大队对某公司管理的住宅楼进行检查，该住宅楼1类消防产品消防应急照明灯具共有20处，抽查10处消防应急照明灯具，发现四层疏散通道顶部使用的2处消防应急照明灯具，主电源切断后5秒内未转入应急状态，不符合《消防产品现场检查判定规则》，其产品现场质量检查不合格。根据《消防产品现场检查判定规则》判定该产品不合格。大队责令限期整改。大队到期复查时，还有1处隐患未整改，复查不合格。根据《消防产品监督管理规定（122号令）》对该公司作出行政处罚。

案例六：查处过滤式消防自救呼吸器不合格

某区消防救援大队对某公司进行检查时，发现该单位值班室配备的6个过滤式消防自救呼吸器，有2个无强制性产品认证证书，没有生产日期、有效期，不符合《消防产品现场检查判定规则》，根据《消防产品现场检查判定规则》判定该产品不合格，责令该单位限期改正。到期复查时，发现该单位对使用不合格过滤式消防自救呼吸器问题未整改完毕，仍有一个未整改，复查不合格。根据《中华人民共和国消防法》对该公司作出行政处罚。

(二)对各种消防产品质量实施监督管理

消防产品是涉及人身财产安全的重要产品之一,根据有关法律规定,参照国际通行做法,对各种消防产品制订了市场准入制度。

关于消防产品市场准入制度。消防产品作为重要的公共安全类产品,是预防和扑救火灾的主要器材装备,消防产品质量的好坏,将直接影响预防火灾的效果和灭火救援的成败,关系到广大人民群众生命财产安全。

消防产品市场准入制度主要包括以下内容:

(1)进入中国市场的国内外消防产品都应遵守市场准入制度。

(2)对消防车、火灾报警设备、消防水带、自动喷水灭火设备等4类12种产品实施强制性产品认证(3C)制度。

(3)对防火门、灭火器等9类53种产品实施型式认可制度。

(4)其他消防产品实施强制检验制度。

国家级消防产品质量监督检验中心承担强制检验工

作。即国家固定灭火系统和耐火构件质量监督检验中心；国家消防装备产品质量监督检验中心；国家消防电子产品质量监督检验中心；国家防火建筑材料质量监督检验中心。

在购买消防产品时，要严格查验产品合格证明、产品标识和有关证书，选用符合市场准入的、合格的消防产品。

广大市民也要提高消防产品辨别意识，共同关注、支持、参与消防产品整治行动，共同抵制假冒伪劣消防产品。各级消防救援机构依法联合市场监督管理部门加大对消防产品生产、销售、使用等领域的监督管理力度，及时排查不合格产品，严厉打击假冒伪劣消防产品。

消防机构依法对消防产品进行监督管理部分案例

案例一：

2022年3月8日，某市消防救援支队监督执法人员在对某物业服务有限公司管理的住宅小区检查时发现，该小区使用的1具干粉灭火器筒体严重变形，1个防火门未设置防火密封条，执法人员现场判定以上灭火器和防火门为不合格消防产品。

案例二：

2022年6月7日，某市消防救援支队监督执法人员在对某物业管理有限公司管理的小区检查时发现，该小区使用的手提式干粉灭火器，在有效期限内且未使用和维修的情况下，压力指示器的指针不在绿色区域范围内，执法人员现场判定该灭火器为不合格消防产品。

案例三：

2022年6月7日，某市消防救援支队监督执法人员在对某酒店进行检查时发现，该酒店使用的手提式干粉灭火器筒体钢印内容不全，执法人员现场判定该灭火器为不合格消防产品。

案例四：

2022年7月8日，某市消防救援支队监督执法人员在对某餐饮店进行检查时发现，该场所使用的手提式干粉灭火器超过规定使用年限，执法人员现场判定该灭火器为不合格消防产品。

案例五：

2022年7月12日，某市消防救援支队监督执法人员在对某商城进行检查时发现，该商城负一层营业区域的1个无机复合防火卷帘两个帘面未能同时升降且高度差大于50毫米，执法人员现场判定该防火卷帘为不合格产品。

严厉打击生产、销售假冒伪劣消防产品行为部分案例

案例一：查处某公司生产、销售不符合国家标准的木质隔热防火门案

2023年3月1日，根据举报，某市某市场监管局对当事人生产并销售的一批木质隔热防火门抽样送检。经检测，当事人生产销售的木质隔热防火门（乙级）的耐火极限项目不符合《防火门》（GB12955-2008）标准规定的要求。

当事人上述行为违反了《消防法》第二十四条第一款规定，兴化市市场监管局依据《消防法》第六十五条第一款和《产品质量法》第四十九条规定，对当事人依法依规作出行政处罚。

案例二：查处某经营部销售伪造质量证明文件和不符合国家标准的阻燃胶合板案

2022年11月10日，根据举报，某市某市场监管局对当事人仓库进行现场检查，发现有三种规格的阻燃胶合板，板材表面张贴有阻燃制品标识。当事人现场提供了一份《检验报告》和一份《公共场所阻燃制品及组件标识使用证书》。经对上述板材抽样检测，其阻燃胶合板的燃烧增长速率指数和600秒内总放热量项目不符合《建筑材料及制品燃烧性能分级》（GB8624-2012）规定的要求。当事人提供的《检验报告》和《公共场所阻燃制品及组件标识使用证书》经国家防火建筑材料质量检验检测中心鉴别，系伪造。

当事人的上述行为违反了《产品质量法》第十三条第二款和《省惩治生产销售假冒伪劣商品行为条例》第五条第一款规定，市场监管局依据《产品质量法》第四十九条、《省惩治生产销售假冒伪劣商品行为条例》第十九条第五款、《行政处罚法》第二十九条规定，对当事人依法依规作出行政处罚。

案例三：查处某公司生产、销售不符合国家标准的消防水枪案

2023年5月30日，某市市场监管局接到检验报告，判定当事人生产销售的消防水枪为不合格产品。2023年6月15日，执法人员对当事人展开现场复查，当事人共生产上述消防水枪20支，已全部销售完毕。

当事人的上述行为违反了《产品质量法》第三十二条规定，市场监管局依据《产品质量法》第四十九条的规定，对当事人依法依规作出行政处罚。

案例四：查处某空调科技有限公司生产不符合国家标准的防火阀案

2023年8月24日，某市市场监管局对某空调科技有限公司生产的防火阀进行执法抽检。样品经检验，耐火性能项目不符合《建筑通风和排烟系统用防火阀门》（GB15930-2007）标准要求，为不合格产品。

当事人的上述行为违反了《产品质量法》第十三条第二款规定，市场监管局依据《产品质量法》第四十九条规定，对当事人依法依规作出行政处罚。

案例五：查处某消防器材经营部经营冒用他人厂名厂址的消防装备案

2022年10月28日，某高新区市场监管局执法人员根据案件违法线索，对当事人的经营场所开展执法检查，发现当事人销售给某消防工程有限公司的84套灭火消防服、消防手套及消防靴系冒用他人厂名厂址的产品。经查，当事人通过找裁缝制作、工厂代加工等途径获得上述产品，购买制作了印有他人厂名厂址的产品标签，并私自将标签贴到产品上对外进行销售。

当事人的上述行为违反了《省惩治生产销售假冒伪劣商品行为条例》第六条第五项的规定，高新区市场监管局依据《省惩治生产销售假冒伪劣商品行为条例》第十九条第五款的规定，对当事人依法依规作出行政处罚。

案例六：查处某消防科技有限公司生产掺杂、掺假的消防水带案

2023年3月29日，某区市场监管局执法人员对当事人的经营场所进行执法检查，现场查到当事人生产的有衬里消防水带8200卷，产品外观标注"有衬里消防水带

8-65-25-涤纶长丝/涤纶长丝-聚氨酯"。经抽样检验，产品的内衬材质为PVC与聚氨酯混合物，非纯聚氨酯，与产品标注的内衬材质聚氨酯不符。

当事人的上述行为违反了《产品质量法》第三十二条规定，区市场监管局依据《产品质量法》第五十条规定，对当事人依法依规作出行政处罚。

案例七：查处某消防设备有限公司销售不符合国家标准的干粉灭火器案

2023年6月15日，某区市场监管局收到省产品质量监督检验研究院出具的检验检测报告，显示当事人销售的灭火器检验结果为不合格。经查，2022年8月18日，在省市场监管局组织的监督抽检中，当事人销售的上述手提式干粉灭火器经检验，因灭火剂性能-主要组分含量（磷酸二氢铵）项目不符合（GB 4351.1-2005《手提式灭火器 第1部分：性能和结构要求》），被判定为不合格。

当事人的上述行为违反了《产品质量法》第十三条第二款的规定，区市场监管局依据《产品质量法》第四十九条的规定，对当事人依法依规作出行政处罚。

（三）对有关人员持证上岗进行监督管理

对进行电焊、气焊等具有火灾危险的作业人员和自动消防系统的操作人员，必须经过培训、考试合格后持证上岗。

案例一：电焊工无证上岗违规操作引发火灾

2023年4月5日21时10分，某县一栋正在建设中的私人自建房楼顶发生火灾。县消防救援大队接警后立即赶赴火灾现场进行处置，经过半个小时火灾被成功扑灭，过火面积为2平方米，未造成人员伤亡和重大财产损失。

经调查，该起火灾事故是由于电焊工人赵某在焊接钢筋时焊渣滴落至模板内，因长时间发热引燃木板蔓延扩大成灾。电焊操作人员无证上岗违规操作等是引发此次火灾事故的主要原因。

案例二：突击检查，11名焊工有6个无证上岗，企业负责人直接被拘留

某市安监部门在进行例行检查时，发现一家企业11名电焊工中，有6名电焊工在没有电焊操作证的情况下进行作业，企业负责人直接被拘留。

案例三：3起电焊工违规操作引发火灾造成严重后果的案例

2022年11月21日16时22分，某市一公司工人在一楼仓库内进行电焊作业时，没有认真落实安全措施，导致有棉絮飘过着火，引燃了车间内堆放的大量布料，浓烟导致二楼工人来不及逃生，造成38人死亡。

2021年12月31日上午，某市一市场内，因工人违规使用电焊动火作业，造成保温材料着火，产生大量有毒气体，最终造成8人窒息遇难、1名消防员牺牲。

2020年8月8日，某市一厂房内因工人在四层电梯井口违规焊割，溅落的焊渣引燃第一层电梯井口阁楼上的海绵堆垛，从而引发火灾，造成8人死亡。

（四）火灾事故的应急处置、调查和统计

1. 火灾等紧急情况发生后，应急救援机构立即展开有效的救援行动，尽可能减少人员伤亡和财产损失。

主要内容包括：疏散现场人员，救助被困者脱离火场等危险区域，扑救火灾，防止火灾扩大等。

2. 对火灾事故的调查主要包括：火灾原因、性质和人员伤亡及财产损失情况，责任认定及处理建议，防范措施等。

3. 在火灾事故调查报告的基础上对火灾情况进行统计，主要包括：伤亡人数、责任原因、直接经济损失情况等。

（五）承担重大灾害事故和其他以抢救人员生命为主的应急救援工作

按照《中华人民共和国消防法》的规定，消防救援机构除保证完成火灾扑救工作外，还应当参加其他灾害和事故的抢险救援工作。

三、消防工作的任务

（一）基本任务

国务院下发的《关于进一步加强消防工作的意见》要求，"充分发挥消防救援机构作为应急抢险救援专业力量的骨干作用"，进一步明确了"消防救援机构在地方各级人民政府统一领导下，除完成火灾扑救任务外，要积极参加以抢救人员生命为主的危险化学品泄漏、道路交通事故、地震、建筑坍塌、重大安全生产事故、空难、爆炸及恐怖事件和群众遇险事件的救援工作，并参与配合处置水旱、气象、地质灾害、森林、草原火灾等自然灾害，矿山、水上事故，重大环境污染、核与辐射事故和突发公共卫生事件"等。

消防应急救援的部分案例

案例一：救援某地食堂垮塌事故

2022年1月7日中午12时10分，某街道办事处食堂发生垮塌，疑似食堂燃气泄漏燃爆。消防应急救援紧急出动,截至 7 日 23 时 05 分搜救出 26 人,其中死亡 16 人。

案例二:救援某炼铁厂突发事故

2022 年 2 月 6 日上午 10 时 20 分许,某炼铁厂的带式焙烧机脱硫脱硝作业区设备发生故障,6 名作业人员进行抢修作业时,灰斗本体突然开裂,大量脱硫灰冒出,作业人员从四楼平台被冲击到二楼平台,4 人抢救无效死亡。

案例三:5 岁女童被困电梯,独自求救

2021 年,某省一个 5 岁女孩独自乘坐电梯时被困,女孩没有惊慌,沉着应对,用手表电话拨打 119 报警求救,清晰说明情况,说出被困地点,耐心等待救援。随后消防员将她成功救出。

案例四:小学生被困电梯,正确操作

2019 年,某县,2 名小学生被困电梯。其中 1 名女孩把电梯每个楼层的按钮都按亮,之后按动紧急求助按钮,并用电话手表报警,在电梯门关合不严,留有一条门缝的时候,没有强行扒开电梯门。

被困 27 分钟后，2 名小学生被救援人员成功救出。

案例五：电梯故障，八层速降，坚强女孩冷静应对

2021 年，某市 4 名小朋友乘坐的电梯突然发生故障，电梯瞬间从 8 楼失控下落到 1 楼，电梯里的孩子们瞬间被吓坏，其中 1 名小女孩强忍泪水，不停地安慰其他 3 位小朋友，消除慌乱情绪，并及时按电梯按键求助。被困半个小时后，孩子们被安全救出。

案例六：被困电梯内沉着报警，等待中淡定地写作业

2020 年，某工业园区，1 名去上学的初中男孩乘坐的电梯发生故障被困。他按下了电梯故障报警按钮，和电梯维修人员报告事故后，在独自等候救援人员救援的空隙，他从书包里拿出了作业本，淡定地写起了作业。大约 20 分钟后，救援人员赶来将电梯门打开，男孩获救。

（二）具体工作

1. 查找、控制、消除发生火灾、爆炸的一切不安全条件和因素。

2. 保证有足够的安全出口和通道，以便火灾发生时的人员逃生和物资疏散。

3. 限制、消除火灾、爆炸蔓延、扩大的条件和因素，扑灭火灾。

4. 彻底查清火灾、爆炸原因，做到"三不放过"。即原因不明不放过；事故责任以及群众未受到教育不放过；防范措施不落实不放过。

（三）大力组织开展消防安全宣传教育与培训

惨痛的火灾教训，血淋淋的事故案例告诉我们，多数火灾都是源于人的失误，小小的失误造成大大的损失。人们或是因为不懂火灾隐患的识别和预防，或是出于麻痹大意和侥幸心理等，无视或漠视火灾隐患导致了火灾的发生，加之缺乏相应的应急处置能力，最终酿成严重的人身伤害和财产损失等严重后果。

为了有效地增强全民消防安全意识，不断提升全员防范火灾风险的能力，营造安全稳定的社会环境，应该广泛地组织开展消防安全宣传教育活动。

充分利用典型案例分析、消防知识讲座、观看宣传教育短片，以及组织消防演练等多种宣教形式，努力提升公众的消防安全意识，提高人们的风险识别能力，让更多的人掌握火灾应急处置方法以及火场逃生、现场急救等知识，为从根本上杜绝火灾事故作出应有的努力。

案例一：静电导致着火，现场人员处置不当，酿成重大火灾事故

2019 年 9 月 29 日，某省一日用品有限公司发生重大

火灾事故，造成19人死亡，3人受伤，过火面积约1100平方米，直接经济损失2380.4万元。

着火原因是员工孙某某将加热后的异构烷烃混合物倒入塑料桶时，因静电放电引起可燃蒸气起火并蔓延成灾。火灾发生初期阶段，灭火器就在旁边，员工却不知使用，竟用嘴吹、纸板扑打、覆盖塑料桶等方法灭火，最终小火酿大火，造成19人死亡！

案例二：无视风险因素开展焊接切割作业，酿成重大火灾事故

2019年4月15日，某省一制药有限公司四车间地下室，在冷媒系统管道改造过程中，发生重大着火中毒事故，造成10人死亡、12人受伤，直接经济损失1867万元。

着火原因是在环境相对密闭的地下室管道改造过程中，作业人员无视现场堆放有危险物品的风险，在没有落实相应安全措施的情况下开展焊接切割作业。电焊切割产生的焊渣火花引燃现场堆放的冷媒增效剂（主要成分为氧化剂亚硝酸钠和有机物苯并三氮唑、苯甲酸钠），瞬间产生爆燃，放出大量氮氧化物等有毒气体，造成现场施工和

监护人员中毒窒息死亡。

案例三：无资质人员冒险操作引发重大火灾事故

2018年12月17日，某省一现代农牧产业集团有限公司发生一起重大火灾事故，建筑物过火面积3630平方米，造成11人死亡、1人受伤，直接经济损失1467万元。

着火原因是气焊切割作业人员张某某在不具备特种作业作业资质、未履行动火审批手续、未落实现场监护措施、未配备有效灭火器材的情况下，违规进行气焊切割作业，引燃墙面保温材料蔓延形成火灾。

案例四：消防设施被停用，火灾损失被扩大

2017年2月25日，某省一休闲会所发生一起重大火灾事故，造成10人死亡、13人受伤。

着火原因是在会所改建装修中，施工现场堆放有大量废弃的沙发，动火切割作业时未采取任何消防安全措施。沙发被引燃后产生高温和大量有毒有害烟气，由于现场消防设施被停用，疏散通道被堵塞，致使火灾事故损失扩大。

案例五：报警延误，自动消防设施未启动

2018年10月28日，某省一储运有限公司下属分公司大港仓库发生火灾，过火面积23 487.53平方米，事故未造成人员伤亡，直接经济损失（不含事故罚款）约8944.95万元人民币。

着火原因是储运库房一视频监控电线发生故障，引燃下方存放的润滑油纸箱和塑料薄膜包装物后蔓延起火。

火灾未及时发现、报警延误，自动消防设施未启动，润滑油燃烧后形成流淌火迅速蔓延。

案例六：消火栓系统被关闭，自动灭火系统瘫痪，发现火灾第一时间无人报警

2018年8月25日，某省一休闲酒店发生重大火灾事故，过火面积约400平方米，造成20人死亡，23人受伤，直接经济损失2504.8万元。

着火原因是温泉区顶棚风机机组电线短路，引燃周围塑料绿植装饰材料蔓延造成火灾。

酒店第三层疏散通道的常闭式防火门被人为使用物品挡住，始终处于敞开状态，致使火灾发生时燃烧产生的有

毒有害烟气体短时间封死了逃生通道。因室内外消火栓系统的控制阀处于关闭状态，消火栓系统管网无压力水，自动灭火系统处于瘫痪状态。员工第一时间发现火情，随后工程部经理、保安员、保安队长、消控员等均前往确认火情并层层上报领导，但均未在第一时间拨打报警电话。

案例七：毒烟封堵疏散通道，防盗网影响了逃生

2017年11月18日，某市一幢建筑发生重大火灾事故，造成19人死亡、8人受伤及重大经济损失。

着火原因是在冷库制冷设备调试过程中，被覆盖在聚氨酯保温材料内的，为冷库压缩冷凝机组供电的铝芯电缆，因电气故障短路引燃周围可燃物，燃烧产生的一氧化碳等有毒有害烟气蔓延封堵了疏散通道，住户窗户安装的防盗网阻挡了人员逃生。

案例八：缺乏火场逃生知识和技能，造成重大伤亡

2017年2月5日，某省一足浴中心发生重大火灾事故，造成18人死亡、18人受伤。

着火原因是汗蒸房墙面的电热膜因故障出现局部过

热,被保温层及木质装修材料包敷处散热不良,温度持续升高引燃周围可燃物,蔓延造成火灾。

着火时,该汗蒸房无人使用,火情没能及时发现。加之房间内部存在竹帘、木龙骨等大量可燃物,火热迅速蔓延。蒸房内的电热膜和保温材料聚苯乙烯泡沫塑料等在燃烧时产生大量高温有毒烟气。

被困人员普遍缺乏逃生自救知识和技能,选择逃生路线和方法不当,大量人员无法及时逃出。部分人员贪恋财物重返现场贻误逃生时机。部分被困人员被迫从窗口跳楼自救。

案例九:私拉乱接电线酿火灾

2018年6月1日,某省一商贸城发生一起重大火灾事故,过火面积约51 000平方米,造成1人死亡,直接经济损失9210余万元。

着火原因是商贸城负一楼冷库租户朱某某自行拉接的电源线短路引燃下方的香蕉外包装纸箱蔓延发生火灾。

案例十：擅自放空消防水箱储存水，造成火灾失控、损失扩大

2017年12月1日，某省一大厦1号楼项目发生一起重大火灾事故，过火面积约300平方米，造成10人死亡、5人受伤，直接经济损失（不含事故罚款）约2516.6万元。

着火原因是施工企业为施工方便擅自放空消防水箱储存用水，致使消防设施未能发挥作用，火势迅速扩大。

企业施工人员违规在施工现场住宿，烟蒂等遗留火源引燃存放的可燃物，蔓延造成火灾。

第六章　火灾事故调查和统计

一、火灾事故调查的主要内容

调查、认定火灾原因，核定火灾损失，查明火灾事故责任，依法处理责任者，并总结消防工作中的经验教训，提出预防对策，减少或避免同类火灾事故的重复发生。

案例一：因违章吸烟引发火灾事故，导致8人死亡

2021年4月22日下午1时30分，某市一电子科技有限公司厂房发生火灾，导致8人死亡。其中，6名为企业

相关人员，2名为消防救援人员。

经调查认定，作业人员黄某某违章吸烟引发了该起火灾。

案例二：电器线路老化引发火灾事故，导致1人死亡多人受伤

2019年，某市某居民楼发生一起电器火灾事故。由于起火位置在一楼，火势迅速蔓延，居民难以及时逃生，造成一名居民死亡，多人受伤，楼房严重受损。

经调查认定，火灾是由一楼居民家中一台老旧的电视机，因电线绝缘老化、短路引发了火灾。

二、火灾统计中的事故等级划分标准

按照火灾分类标准,我国火灾分为特别重大火灾、重大火灾、较大火灾和一般火灾四个等级。

1. 特别重大火灾是指造成 30 人以上死亡,或者 100 人以上重伤,或者 1 亿元以上直接财产损失的火灾;

2. 重大火灾是指造成 10 人以上 30 人以下死亡,或者 50 人以上 100 人以下重伤,或者 5000 万元以上 1 亿元以下直接财产损失的火灾;

3. 较大火灾是指造成 3 人以上 10 人以下死亡,或者 10 人以上 50 人以下重伤,或者 1000 万元以上 5000 万元以下直接财产损失的火灾;

4. 一般火灾是指造成 3 人以下死亡,或者 10 人以下重伤,或者 1000 万元以下直接财产损失的火灾。

第七章 消防队(站)的规划和布局

一、普通消防站和特勤消防站

(一)消防站的类型

消防站分为普通消防站和特勤消防站两类。普通消防站又分为一级普通消防站和二级普通消防站。

(二)城市消防站的设立

城市必须设立一级普通消防站,地级以上城市(含)以及经济较发达的县级城市应当设特勤消防站。

城市建成区内设置一级普通消防站确有困难的区域,经论证可设二级普通消防站。有任务需要的城市可设水上消防站、航空消防站等专业消防站。

(三)城市规划区内消防站的布局

城市规划区内消防站的布局一般应以接到出动指令后5分钟内消防队可以到达责任区边缘为原则确定。

(四)消防站辖区面积的确定

消防站的辖区面积按下列原则确定:普通消防站一般不应大于7平方公里。设在近郊区的普通消防站以接到出动指令后5分钟内消防队可以到达责任区边缘为原则确定,

其辖区面积不应大于 15 平方公里。

也可针对城市火灾风险，通过评估方法确定消防站辖区面积。

二、消防力量配置的整体情况

全国地、市级以上城市都建有不同规模、不同形式的"119"消防指挥中心(火灾报警电话为119)。许多大中城市建立了功能齐全、技术先进的消防通信指挥系统,主要包括火灾接警、火警辨识、编制出动方案、下达出动命令、力量调度、现场通信保障和消防信息管理等功能。

随着消防技术的不断进步和国家对消防投入的不断加大,民众的消防意识和消防技能必须同步提升才能适应社会发展的需要

三、微型消防站

（一）什么是微型消防站

微型消防站的队员由社区（村）、重点单位、小区物业的工作人员、安保人员等群体组成。他们熟悉当地道路、建筑、消防设施和疏散路线，并能做到 24 小时全天备勤，在出现火情时，能够第一时间到达现场实施处置，真正实现了"灭早、灭小、灭初期"的救援目标。

（二）微型消防站分两类

有消防重点单位微型消防站和社区微型消防站两类，是在消防安全重点单位和社区建设的最小消防组织单元。

（三）设置依据

公安部消防局于 2015 年 11 月 11 日发布"公消〔2015〕301 号"文件，有《消防安全重点单位微型消防站建设标准（试行）》和《社区微型消防站建设标准（试行）》。

（四）主要目标

为积极引导和规范消防安全重点单位志愿消防队伍建设，推动落实单位主体责任，着力提高重点单位自查自纠、自防自救的能力，建设"有人员、有器材、有战斗力"的重点单位和社区微型消防站，实现有效处置初起火灾的目标，特制定本标准。

（五）岗位职责

1．站长负责微型消防站日常管理，组织制定各项管理制度和灭火应急预案，开展防火巡查、消防宣传教育和灭火训练；指挥初期火灾扑救和人员疏散。

2．消防员负责扑救初起火灾；熟悉建筑消防设施情况和灭火应急预案，熟练掌握器材性能和操作使用方法，并落实器材维护保养；参加日常防火巡查和消防宣传教育。

3．控制室值班员应熟悉灭火应急处置程序，熟练掌握自动消防设施操作方法，接到火情信息后启动预案。

（六）值守联动

微型消防站联勤联动机制具有灵活性、机动性的优点，也体现了微型消防站在火灾事故中保护人民群众生命财产安全的巨大作用。

1．微型消防站应建立值守制度，确保值守人员24小时在岗在位，做好应急准备。

2．接到火警信息后，控制室值班员应迅速核实火情，启动灭火处置程序。消防员应按照"3分钟到场"要求赶赴现场处置。

3．微型消防站纳入当地灭火救援联勤联动体系，参与周边区域灭火处置工作。

案例一：1分钟反应，3分钟到场处置

2023年2月15日15时2分，某区消防救援支队接到某小区一层住户家中突发火灾的报警后，立即联动该小区微型消防站，4名微型消防站队员迅速携带破拆和灭火器材赶到现场进行处置，很快控制了火势的蔓延。

案例二：车辆突然起火，微型消防站2分钟控制火情

2023年11月16日10时35分许，某区环城东路南庄路路口，一辆黄色面包车在行驶过程中突然起火，火势发

展迅速，2名微站队员正在环城东路开展日常巡查，发现面包车起火后，立即铺设水带，连接路边消火栓，架设水枪压制并阻止火势蔓延，2分钟后，成功将火势扑灭。

第八章 常见消防装备都有什么?

一、消防装备分为三个部分

消防装备主要分为车辆装备、器材装备、个人防护装备等三个部分。

开展消防工作离不开消防装备

二、消防装备建设情况

按照城市消防队（站）建设标准，一级消防站应配备消防车 4~5 辆，二级消防站应配备消防车 2~3 辆，特勤站应配备消防车 7~10 辆。

器材装备和个人防护装备按消防队（站）等级和人员编制情况配备。

城市消防站

第九章　消防系统

消防系统是指用以扑灭发生在建筑物内初起火灾的设施系统，主要包括：火灾自动报警系统、自动灭火系统、消火栓系统、防烟排烟系统等。

一、火灾自动报警系统

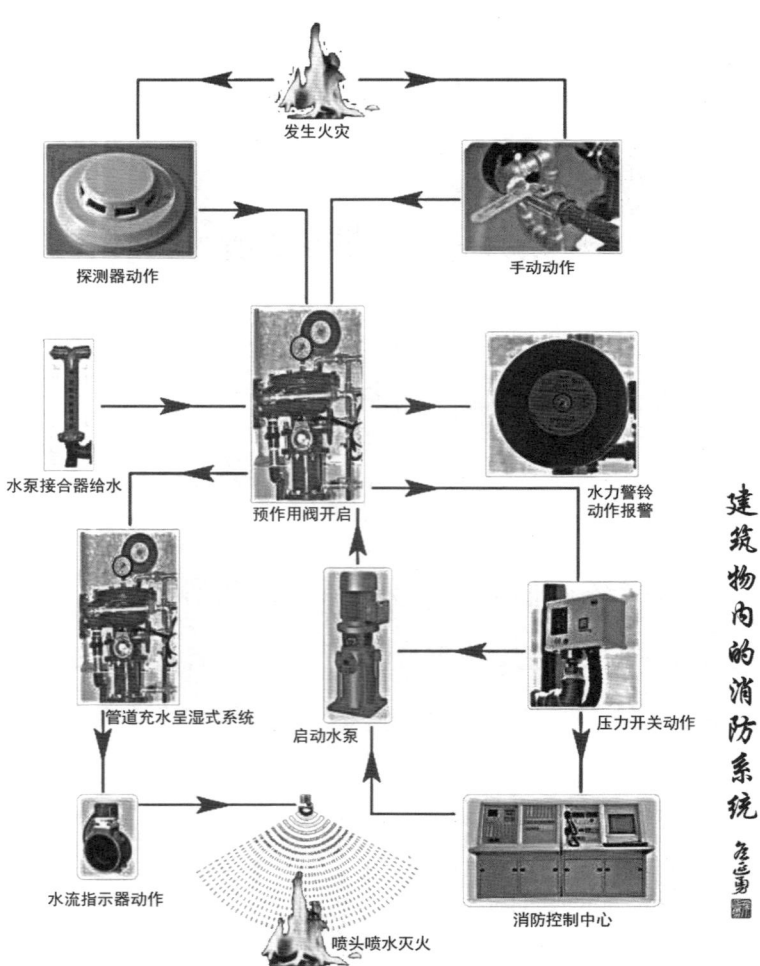

火灾自动报警系统是指利用火灾产生的烟、温、光等作为触发源,及早发现火灾信号并即时把火情信息传送至火灾报警控制器的消防设施。

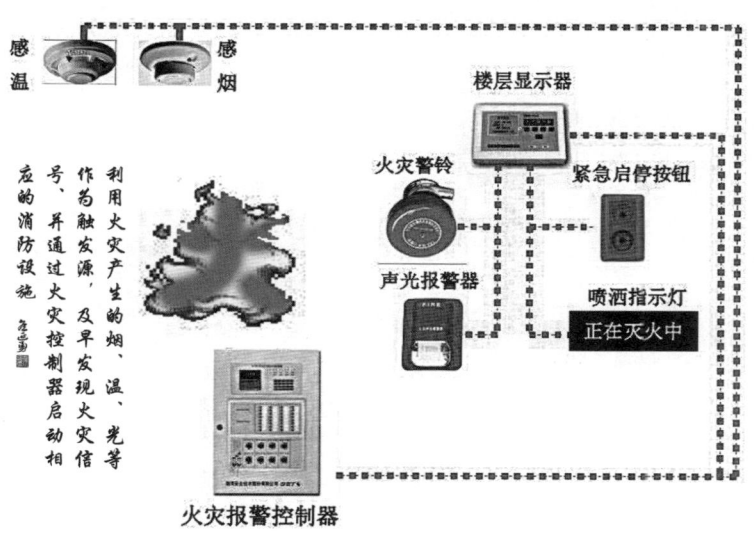

案例:消防联运装置自动识别火灾信息,及时发出警报

2020年10月12日,某省一高层住宅发生火灾。起火时业主家中无人,但家门口的感烟火灾探测器被烟雾触发,将信号反馈到了消防控制室的消防联动控制器上,同时发

出报警信号（警报声）。物业人员到场确认火情后，立即启动应急预案，并拨打119报警。消防救援人员到场，迅速扑灭火灾。

楼内居民被安全疏散，未造成人员伤亡。

二、自动灭火系统

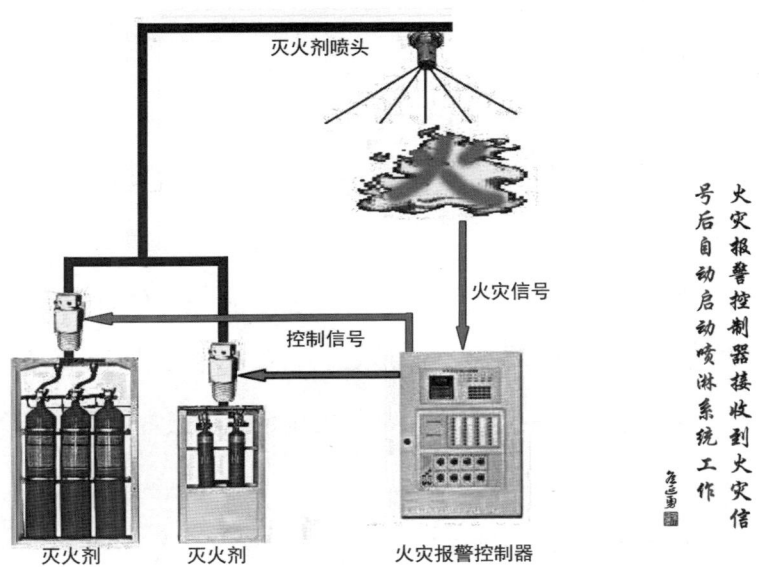

火灾报警控制器接收到火灾信号后自动启动喷淋系统工作

当发生火灾时,燃烧产生的浓烟和高温触发自动喷淋灭火装置,立即喷出水或化学灭火剂扑灭初起火灾。

消防喷淋系统等消防设施是保护生命财产安全的一道防线,须定期维护、保养。确保在发生火灾的危急时刻发挥其有效的预警和初期处置功能。

消防自动喷淋系统的关键触发部件就是这个喷头上的彩色玻璃管,这个玻璃管由热敏玻璃制成。当场所环境的温度达到预设值(一般民用采用红色,为 68℃)时,喷头的玻璃管会因为受热破裂而打开喷水。

当然，如果受到外力作用，喷头的玻璃管受到挤压或碰撞也会破裂喷水。

根据不同场所的不同需要，消防喷淋系统用于触发喷淋的热敏玻璃管，按照其触发温度的不同，分别采用不同的颜色来区分。

其代表的触发温度分别为：红色68℃，黄色79℃，绿色93℃，蓝色141℃，一般也就会使用到这几种，而带红色触发玻璃管的喷淋头通常是民用建筑中最常用到的。

自动消防喷淋系统控制扑灭初起火灾

案例一：

2023年11月27日深夜，某街道一栋五层砖混结构民房发生火灾，起火部位为一楼制衣厂的布料存放处，楼上还有6名租户。

幸运的是，火情发生后，消防自动喷淋系统及时启动，最大限度地保护了6名租户和现场存放的七八十万元的货物，也为后续的消防救援赢得了宝贵的时间。

经查，该民房一层出租用作制衣厂，二层至五层用作群租房，共有 6 名租户。

初步认定起火原因为现场遗留在布料旁边的烟头。

案例二：

2022 年 5 月 15 日 08 时 40 分，某区一民房发生火灾，当时屋内仅两个幼童在家。千钧一发之际，屋内的自动喷淋灭火系统及时启动，有效控制了火势蔓延，未造成人员伤亡。

案例三：

2023 年 5 月 18 日 20 时 35 分，某村一座三层砖混结构民房的一楼前半间布角料仓储处突然着火，火势迅速蔓延扩大。

关键时刻，一楼安装的消防简易喷淋头动作喷水，喷出的水流直接覆盖了部分着火区域并及时降温，控制了火势蔓延，随后周围人员及社区网格员迅速将火势扑灭。

案例四：

2023年9月4日23时，某市一建筑内一台洗衣机突然起火冒烟，危急时刻，火灾自动报警系统、消防喷淋系统第一时间发挥作用，一场"及时雨"迅速控制火势，有效阻止了火势蔓延扩大，随后赶来的消防控制室值班人员和保安立即使用灭火器将残留的明火完全扑灭。

案例五：

2023年5月16日上午9时许，某街道一居民楼有不明物质燃烧，烟气从窗口冒出，所幸房内装有简易式喷淋灭火系统，在短时间内扑灭了明火，并未造成人员伤亡。

三、消防栓系统

当发生火灾时，按下消防栓按钮，消防警铃就会发出火警警报，同时启动消防栓水泵。

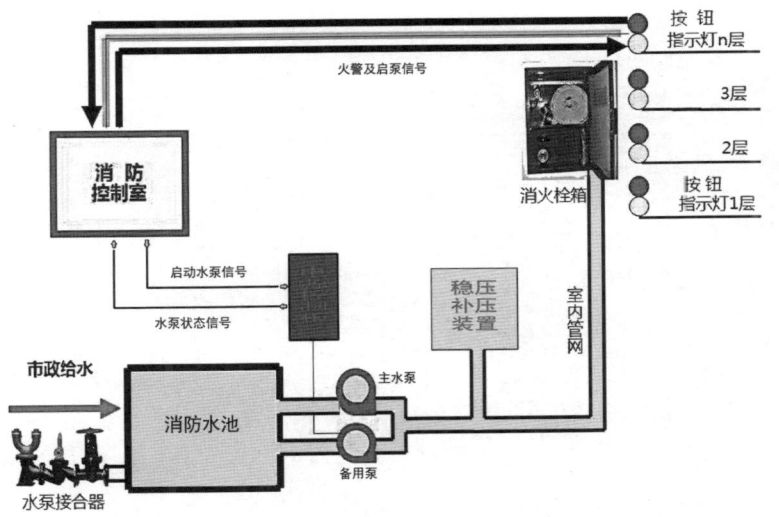

四、防烟排烟系统

当发生火灾时,烟感报警器被触发,排烟系统自动启动,开启该层及其上下层的排烟阀,排烟风机迅速排除火灾产生的有害烟雾。

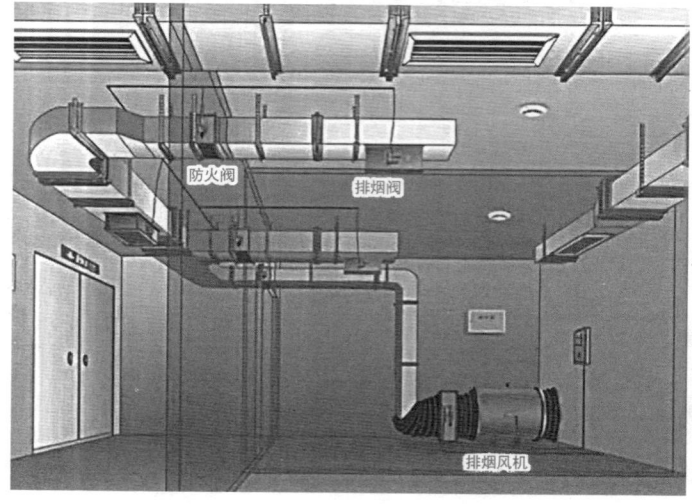

消防控制室收到火灾报警信号后立即启动起火相关位置的排烟风机开始排烟

第十章 智慧消防(发展方向)

一、概念

智慧消防,是一套智能化的消防工作新技术系统。

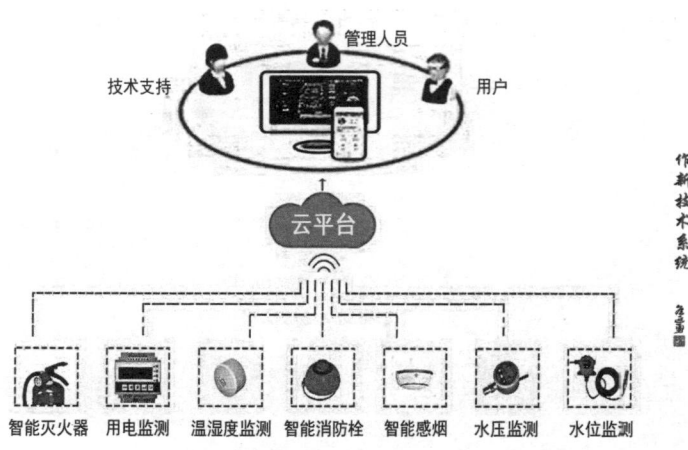

该系统通过安装在前端的电子温感、电子光感、电子烟感探测器、电气火灾监测器、智能消火栓监测器、消防水压监测器、摄像头等传感器收集目标单位的消防数据、消防信息，将信息传输至智慧消防云平台做统一分析、处理、留存。

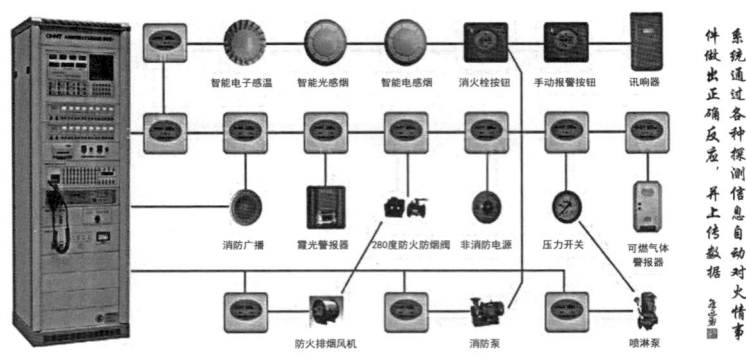

系统通过各种探测信息自动对火情事件做出正确反应，并上传数据

云端预警系统运用物联网、云计算、大数据等技术进行融合分析、预知预警、辅助决策，实现大数据环境下"动态数据可用、工作流程可溯、风险隐患可控、调度指挥可视、管理形势可判"。

云端预警系统具有动态数据可用、工作流程可溯、风险隐患可控、调度指挥可视、管理形势可判等特点

二、智慧消防系统的特点

1. 能够自动开展消防检查,并对受检单元存在的火灾隐患进行准确判断,自动生成执法意见,不出差错。

2. 针对具体火情,自动分析并形成科学准确的灭火作战方案。

3. 准确预测火灾的发生时间、部位及损失情况。

4. 准确提供消防工作建议和可行性较强的执行方案。有效解决防火问题、灭火问题或消防管理问题。

三、建立智慧消防系统的基础

智慧消防的产生,需要以下基础和先决条件,并协同发展。

1. 大数据。是指大量的、全面的、有效的相关数据。比如火灾的数据、消防设施的数据、单位消防管理的数据、气象数据、用水用电用气数据、车辆交通数据、人的数据、产业的数据等。

2. 物联网。物的信息能够通过互联网互通共享。物联网,是产生大数据的最主要渠道,也为物物之间的沟通交流提供基础。

3. 云计算。是指能够接收数据、存储数据、处理并提供结果服务的一种工作方式。

4. 移动互联网。通过手机、IPAD 之类的移动工具能够快速、不间断地联网使用。即使在高铁上、飞机上、轮船上、沙漠里、着火的地下室里等,都能够联网工作。而互联网上的应用、平台、模式,同样在移动设备端也能使用。

5. 人工智能。让机器或系统能够像人一样,甚至超过人的能力去思考、解决问题。系统或机器能够像人一样看图、看视频、听声音、闻气味、尝味道、感受接触、理解语言文字，甚至展示虚拟图像和视频、与人进行交流、自主学习、研究分析、执行任务。

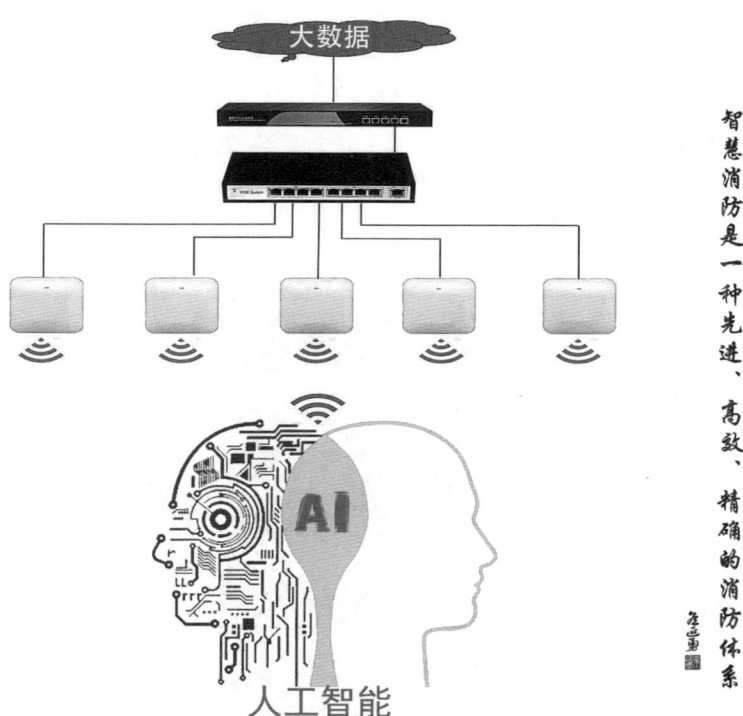

智慧消防是一种先进、高效、精确的消防体系

以上五个方面可以说是既相互独立、又相互支持。同时，它们还需要更多的技术来支撑，比如地理信息系统、5G通信技术、芯片、传感器、创新算法等。技术的进步能够促进系统的进一步发展。

尽管现阶段智慧消防建设仅仅是初级阶段，但是，随着物联网、云计算、大数据等的不断发展，智慧消防作为消防业务和服务的综合体，一定会日臻完善。